BEI GRIN MACHT SICH IHR WISSEN BEZAHLT

- Wir veröffentlichen Ihre Hausarbeit, Bachelor- und Masterarbeit

- Ihr eigenes eBook und Buch - weltweit in allen wichtigen Shops

- Verdienen Sie an jedem Verkauf

Jetzt bei www.GRIN.com hochladen und kostenlos publizieren

Sandra Malik

Rainer Werner Fassbinders "Lili Marleen" - Unterschiedliche Arten der Leitmotivtechnik

GRIN Verlag

Bibliografische Information der Deutschen Nationalbibliothek:

Die Deutsche Bibliothek verzeichnet diese Publikation in der Deutschen National-
bibliografie; detaillierte bibliografische Daten sind im Internet über http://dnb.d-
nb.de/ abrufbar.

Dieses Werk sowie alle darin enthaltenen einzelnen Beiträge und Abbildungen
sind urheberrechtlich geschützt. Jede Verwertung, die nicht ausdrücklich vom
Urheberrechtsschutz zugelassen ist, bedarf der vorherigen Zustimmung des Verla-
ges. Das gilt insbesondere für Vervielfältigungen, Bearbeitungen, Übersetzungen,
Mikroverfilmungen, Auswertungen durch Datenbanken und für die Einspeicherung
und Verarbeitung in elektronische Systeme. Alle Rechte, auch die des auszugsweisen
Nachdrucks, der fotomechanischen Wiedergabe (einschließlich Mikrokopie) sowie
der Auswertung durch Datenbanken oder ähnliche Einrichtungen, vorbehalten.

Impressum:

Copyright © 2010 GRIN Verlag, Open Publishing GmbH
Druck und Bindung: Books on Demand GmbH, Norderstedt Germany
ISBN: 978-3-656-18419-5

GRIN - Your knowledge has value

Der GRIN Verlag publiziert seit 1998 wissenschaftliche Arbeiten von Studenten, Hochschullehrern und anderen Akademikern als eBook und gedrucktes Buch. Die Verlagswebsite www.grin.com ist die ideale Plattform zur Veröffentlichung von Hausarbeiten, Abschlussarbeiten, wissenschaftlichen Aufsätzen, Dissertationen und Fachbüchern.

Besuchen Sie uns im Internet:

http://www.grin.com/

http://www.facebook.com/grincom

http://www.twitter.com/grin_com

TECHNISCHE UNIVERSITÄT
CAROLO-WILHELMINA
ZU BRAUNSCHWEIG

Institut für Musik und Musikpädagogik

Aufbaumodul III: Filmmusik

Sommersemester 2010

Referat und Ausarbeitung

Rainer Werner Fassbinder – Lili Marleen

- Unterschiedliche Arten der Leitmotivtechnik -

Sandra Malik

Inhaltsverzeichnis

1. Einleitung

Wenn man sich mit dem Phänomen „Lili Marleen" beschäftigt, stößt man zunächst auf eine interessante Lebensgeschichte, die auf verschiedenste Weise publiziert wurde. „Lili Marleen" meint nicht nur den Film von Rainer Werner Fassbinder[1], auf den ich im Weiteren genauer eingehen werde, sondern natürlich auch das berühmte Soldatenlied an sich, welches gesungen von Lale Anderson[2] zum ersten deutschen Millionenseller wurde.

Hinter diesen zwei Namen steckt, und das findet man schnell heraus, eine sich auf dramatische Weise zuspitzende Geschichte über Liebe, Leid und Erfolg in der NS-Zeit.

Allein die Entstehungsgeschichte des Textes ist eine Besondere. Geschrieben als Gedicht im 1. Weltkrieg 1915 von dem Schriftsteller und Dichter Hans Leip[3], fangen auch hier schon die Spekulationen über die „Lili Marleen" an. Rund um dieses Liebesgedicht, welches die Sehnsucht eines Soldaten zur Liebe ausdrückt, gibt es viele Gerüchte, wer diese Lili Marleen gewesen sein soll. Nach eigener Aussage des Dichters handelt es sich hier allerdings um zwei Damen, die er innerhalb seines Dienstes kennen und lieben gelernt hat. Hierauf sei aber nur am Rande eingegangen. Erwähnenswert ist es, da sich dieser Mythos rund um den Namen und der Drang die Person zu identifizieren, bis hin zu Lale Anderson hält. In Lale Anderson wird diese Identitätssuche beendet, denn sie wird im Laufe ihrer Karriere zur Lili Marleen und verkörpert damit die Sehnsucht aller Soldaten, grenzüberschreitend nach Liebe und Heimat. 1937 verfasste Norbert Schulze[4], ein deutscher Komponist und Dirigent, zu diesem Gedicht eine Melodie, welche sich gegen die schon bestehende aber weitaus unbekannte Melodie von Rodulf Zink[5] , ebenfalls Komponist, durchsetzt und später Lale Anderson zum Erfolg verhilft. In

---

[1] Rainer Werner Fassbinder (* 31. Mai 1945 in Bad Wörishofen, Bayern; † 10. Juni 1982 in München) war ein deutscher Regisseur, Filmproduzent, Schauspieler und Autor. Er gilt als einer der wichtigsten Vertreter des Neuen Deutschen Films.
[2] Lale Andersen * 23. März 1905 im damaligen Lehe, jetzt Bremerhaven-Lehe; † 29. August 1972 in Wien; eigentlich *Liese-Lotte Helene Berta Bunnenberg verehelichte Beul*) war eine deutsche Sängerin und Schauspielerin
[3] Hans Leip (Pseudonym: Li-Shan Pe, * 22. September 1893 in Hamburg; † 6. Juni 1983 in Fruthwilen (Kanton Thurgau)) war ein deutscher Schriftsteller.
[4] Norbert Schulze * 26. Januar 1911 in Braunschweig; † 14. Oktober 2002 in Bad Tölz, mit bürgerlichen Namen Norbert Arnold Wilhelm Richard
[5] Rodulf Zink * 1910, † 1983 war ein Münchener Komponist. Die damals noch unbekannte Lale Anderson wurde von Zink 1936 im Kabarett "Simpl" bekannt, fortan vertonte er zahlreiche Lieder für sie, so u.a. eine frühe Fassung des berühmten Liedes Lili Marleen von Hans Leip

dem gleichnamigen Film von Rainer Werner Fassbinder, der 1981 erschien, wird diese Geschichte vom schnellen Erfolg und der damit verbundenen Propaganda des Naziregimes im überspitzten Sinne gezeigt. Fassbinder bemüht sich in seinem Film um die Inszenierung der nationalsozialistischen Selbstdarstellung. Die von Peer Raben[6] komponierte Musik unterstützt dieses vorhaben. Der Film fällt unter die Kategorie „Neuer deutscher Film", für welchen es kennzeichnend ist, gesellschafts- und politische Kritik in den Mittelpunkt zu rücken, auch in Abgrenzung zum reinen Unterhaltungsfilm. Auf der Grundlage des autobiografischen Romans „Der Himmel hat viele Farben" von Lale Anderson, entsteht ein Film, der neben einer Liebesgeschichte auch die Probleme und Schwierigkeiten des Künstlers in der NS-Zeit zum Vorschein bringt.

2. Leitmotivtechnik und ihre unterschiedlichen Arten

Um Filmmusik zu analysieren gibt es viele verschiedene Ansätze. Neben der Beziehung zwischen Musik und Bildinhalt und den Funktionen von Filmmusik spielen bei einer Analyse auch Techniken eine entscheidende Rolle. In der Literatur werden häufig drei verschiedene Techniken unterschieden: gemeint sind die deskriptive- Technik (Underscoring), die Mood- Technik und die Leitmotivtechnik. Auf Letzteres werde ich im Folgenden näher eingehen.

„Ursprünglich bezieht sich der Terminus „Leitmotiv" auf ein Motiv oder Thema, das […] mit einer außermusikalischen Idee, Situation oder Person gekoppelt ist […]".[7]
Es handelt sich also um ein musikalisches Erkennungszeichen. Allerdings ist ein Leitmotiv mehr als nur ein akustisches Etikett. Mit einem Leitmotiv besteht auch immer die Möglichkeit musikalisch zu charakterisieren und durch leichte Veränderungen auch Schicksale und Stimmungen zu verdeutlichen. Es werden drei Typen der Leitmotivverwendung unterschieden:

---

[6] Peer Raben (* 3. Juli 1940 in Viechtafell; † 21. Januar 2007 in Mitterfels; eigentlich *Wilhelm Rabenbauer*) war ein deutscher Komponist. Raben schrieb die Musik für rund 90 Kino- und Fernsehfilmen und zahlreichen Hörspielen. Darüber hinaus war er Autor, Schauspieler, Produzent und Regisseur, und war für seine Zusammenarbeit mit dem Regisseur Rainer Werner Fassbinder bekannt.

[7] Bullerjahn, Claudia. Grundlagen der Wirkung von Filmmusik. Augsburg 2001, Seite 88

1. **Motivzitat**: Das einmal vorkommende Thema bzw. Motiv tritt unverändert immer wieder auf

2. **Idee fixe**: Das Motiv entwickelt sich dem Charakter der Protagonisten entsprechend weiter

3. **Voll entwickelte Leitmotivtechnik** : Es handelt sich um musikalisch komplett ausgebildeter Sätze und ist meist in klassischen Kompositionen (Richard Wagner) wieder zu finden.[8]

3. Der Film "Lili Marleen"

3.1 Filmhandlung

Der Film Lili Marleen spielt zur Zeit des Dritten Reiches und handelt auf den ersten Blick von einer verbotenen Liebe zwischen einer deutschen Sängerin und einem jüdischen Komponisten.

Wir befinden uns im Jahr 1938 in Zürich. Willie (*Willi Bunterberg* gespielt von Hanna Schygulla), eine Sängerin, die nicht besonders gut ist aber von der großen Karriere träumt, ist unsterblich in den jüdischen Komponisten Robert (*Robert Mendelssohn* gespielt von Giancarlo Giannini) verliebt. Roberts Vater, David Mendelssohn (gespielt von Mel Ferrer), ein reicher Mann, leitet eine Organisation, die jüdischen Familien hilft, indem er sie und ihr Vermögen in die Schweiz holt. In der Anfangsszene werden Willie und Robert unsanft aus ihrer „Rosa-Welt" von Aaron, ein Mitglied der Organisation, zurück in die Wirklichkeit geholt. In dieser arbeitet Robert als Kurier für die Untergrundorganisation und sein Vater sieht die Beziehung zu Willie als Gefahr für diese, besonders als Willie sich anbietet zu helfen. Während Robert wieder als Kurier unterwegs ist, lernt Willie bei einem Auftritt zwei Deutsche kennen, den SS-Gruppenführer Hans Henkel und dessen Adjutanten von Strehlow. Henkel, der NS-Kulturbeauftragter für Goebbels ist, ist fasziniert von der unscheinbaren Sängerin. Währenddessen plant der Vater von Robert, Willie loszuwerden und kauft sämtliche Schuldscheine auf, so dass Willie, nachdem sie Robert doch hilft, die Einreise in die Schweiz verweigert wird. In voller Verzweiflung sucht Willie Henkel auf und bittet ihn um einen Job. Kurz darauf tritt sie zum ersten Mal mit Lili Marleen im „Simpl" in München auf. Henkel gefällt das Lied so sehr, dass er es unbedingt auf

---

[8] Vgl. Bullerjahn 2001, Seite 89

Platte aufnehmen will. Das zunächst erfolglos bleibende Lied gerät zufällig an den besetzten Radiosender in Belgrad und "Lili Marleen" wird über Nacht zum Hit. Obwohl nun reich und berühmt, kann Willie ihren Robert nicht vergessen und wendet sich eigen initiativ an eine Untergrundgruppe in Berlin, um zu helfen. Sie schmuggelt einen Beweisfilm von Konzentrationslagern in die Schweiz, dieser wird den inzwischen von der Gestapo gefangen genommenen Robert später zur Freilassung verhelfen. Nach einem kurzen Wiedersehen mit Robert, welches dazu führt, dass Willie sich dem Vorwurf beugen muss, Kontakte zu Schweizer Juden zu pflegen, sehen sich Robert und Willie bis zum Ende des Krieges nicht mehr wieder und auch danach gibt es für das Liebespaar kein glückliches Ende. Robert wird heiraten und wird ein erfolgreicher Dirigent. Nach einem Selbstmordversuch tritt Willie ein letztes Mal mit Lili Marleen auf, Deutschland kapituliert während des Liedes und Willie merkt erst jetzt, dass sie alles verloren hat.

3.2. Musik im Film

Neben der standardisierten Unterscheidung von akustischen Ereignissen im Film, gemeint sind hier "Bildton"[9] und "Fremdton"[10], die selbstverständlich auch in unserem Filmbeispiel zu finden sind, und der leitmotivischen Arbeit an sich, gibt es erwähnenswerte Besonderheiten.

Fassbinder selber sagt über seine Musik:

> *„Die Musik ist für mich ein Mittel, an Erzählungen noch einmal teilzuhaben. Auf ihre Weise erzählt die Musik von den Menschen und der Geschichte ... Wir wollen die Musik handhaben wie Bilder und Kostüme."[11]*

Peer Raben entwickelt auf dieser Basis und einer durchaus unüblichen Konkretisierung dieser Aussage die Filmmusik, mit besonderer Handhabung der klassischen Technik wiederkehrender Akzente, Motive und Themen.[12]

---

[9] Unter Bildton versteht man alle akustischen Ereignisse, die zur filmischen Realität gehören.
[10] Unter Fremdton versteht man alle akustischen Ereignisse, die der Protagonist nicht wahrnimmt.
[11] Ritzel, Fred und Thiele, Jens. Kritik oder Blasphemie? Über die Rekonstruktion von Musikereignissen der
Nazi- Zeit in R.W. Fassbinders Film LILI MARLEEN (BRD 1980), Seite 166
[12] Vgl. RITZEL; THIELE 1990, Seite 167

Wie dies zu verstehen ist, zeigen die exemplarischen Hauptmotive des Films, auf die ich im nachfolgenden näher eingehen werde.

3.3. Leitmotive im Film

Die offensichtliche Handlung und die Liebesgeschichte sind nur eine mögliche Interpretation. Bei genauerem Hinschauen lassen sich auch andere Handlungsstränge und Schwerpunkte erkennen. Gemeint sind auch die Schwierigkeiten, die mit der Erfolgsgeschichte eines Künstlers im Dritten Reich zu tun haben. Diese verschiedenen Ebenen werden im Film durch die jeweiligen Binnengeschichten und ihre leitmotivische Umgrenzung deutlich.

Im Folgenden werde ich die drei wichtigsten Leitmotive aufführen. Alle gehen über den lokalen Sinn und die punktuelle Zuordnung hinaus und erzählen eine Binnengeschichte (Handlungsstrang). Das bedeutet, dass zunächst einmal keine klassische Verwendung der leitmotivischen Arbeit vorliegt. Diese besondere Handhabung bezieht sich auf die eben schon erwähnte Idee, den Leitmotiven bestimmte Handlungsstränge zuordnen zu können.

Diese Handlungsstränge sind grob in drei Gruppen zusammen zu fassen:

1. Liedauftritte der Lili Marleen
2. Gefahren- Motiv
3. Roberts Klaviermusik

1. Die Liedauftritte der Lili Marleen

Zunächst einmal sind die vier Liedauftritte zu erwähnen. Sie reflektieren auf der genannten zweiten eigenständigen Filmebene parallel zur Handlung, das wechselnde Verhältnis der Künstlerin zu ihrem Lied. Man kann das Lied aus diesem Grund auch "...als symbolischen Ausdruck einer Künstlerkarriere im Nazi-Deutschland..."[13] begreifen. Alle zu hörenden Auftritte und auch kurze Liedpassagen während des Films, gehören zur Filmrealität, das heißt es handelt sich hier um den oben erwähnten Bildton.

Der erste Auftritt, zu sehen auf einer kleinen Bühne in einer einfachen Kneipe ("Simpl"), lässt die Darstellerin als schüchtern und unerfahren wirken. Dies wird

---

[13] RITZEL; THIELE, Seite 173

durch ihre angespannte und steife Körperhaltung und ihren unsicheren Gesang deutlich. "Willie singt falsch, gekünstelt, sie verschleppt die Töne unnötig und intoniert übertrieben."[14] An dieser Stelle gibt es noch keine Identifikation der Willie mit dem Lied. Dies wird durch die Eskalation am Ende der Szene, in der es zu einer Schlägerei in der Kneipe kommt, verstärkt. Der erste Auftritt endet im Chaos. Der Blick auf die zweite Liedpräsentation wirkt im Vergleich zum ersten umso plötzlicher. Hier befindet sich Willie nämlich auf dem Höhepunkt ihrer Karriere. Sie singt im Reichssportpalast. Ihr Outfit gleicht dem eines Hollywood-Stars und auch ihre Körpersprache, jetzt elegant und fließend, unterstützen dieses Bild. Interessant wird dieser Liedauftritt aber erst durch die zusätzliche Montage von Kriegsbildern. Hiermit möchte Fassbinder die schicksalhafte Verknüpfung des Liedes und der Künstlerkarriere und der Zeit verdeutlichen. Auf paradoxe Weise wird verdeutlicht, wie weit Ideologie und tatsächliches Geschehen eigentlich auseinander liegen. Auf der einen Seite zeigt sich das Regime der Zeit prachtvoll und unantastbar, auf der anderen Seite wird durch die Kriegsbilder an die grausame Realität an der Front erinnert. Einzig und allein das Lied stellt hier eine Verbindung dar. Für die Männer an der Front bedeutet es Hoffnung und für das Regime Propaganda.

Auch der Blick zu dem dritten Liedauftritt lässt eine Sprung erkennen. In dieser Phase des Handlungsverlaufes ist Willie fest entschlossen, Robert, der inzwischen von der Gestapo festgehalten wird, zu helfen. Der Auftritt erfolgt in einem Fronttheater in Polen und ist im Gegensatz zum Zweiten nicht ganz so festlich. Willies eher erotische Aufmachung passt zu dem Gesamtambiente, welches von grölenden, betrunkenen Soldaten und rotem, schwülen Licht geprägt ist. Sie sing das Lied einfach nur abgehackt, gerade herunter ohne jegliche Emotion zu zeigen. Ab diesem Zeitpunkt kann sich die Künstlerin nicht mehr mit ihrem Lied identifizieren. Dies wird auch im vierten erzwungenen Auftritt deutlich. Willie, noch schwach von ihrem Selbstmordversuch, wird für diesen letzten Auftritt strahlender als je zuvor hergerichtet. Doch die ganze pompöse Aufmache dieses Auftrittes lenkt nur oberflächlich von dem eigentlichen Geschehen ab. Ihre starre Haltung und das Verschleppen der Töne lassen eindeutig die Distanz zwischen Künstlerin und Lied erkennen. Auch hier werden wieder montagenartig Kriegsbilder zwischen die Liedsequenz geworfen. Diese zeigen die Kapitulation

---

[14] RITZEL; THIELE, Seite 173

Deutschlands und signalisieren somit auch das Ende der Karriere der Lili Marleen. Die Veränderung, die das Lied und somit auch die Künstlerin durchmachen, wird durch diese vier exemplarisch gewählten Stationen deutlich. Vom Wunsch einer großen Karriere entwickelt sich die Situation zum Zwang. Durch diese eindeutig gewählten unterschiedlichen Stationen dieser Karriere werden auch die wechselnden Verhältnisse Willies zu den politischen Machthabern deutlich. Der Wunsch nach Erfolg ist in diesem Fall so groß, dass es zunächst einmal nichts ausmacht, sich den politischen Verhältnissen zu unterwerfen. Erst als das Lied selbst und die Wirkung, die es mit sich brachte dem NS- Regime nicht mehr geheuer ist, stellt sich auch die Künstlerin gegen das Regime (dies wird unter anderen besonders im dritten Liedauftritt deutlich, da Willie hier im Handlungsverlauf Kontakt zur Untergrundorganisation aufnimmt). Die kleine Sängerin, die nur durch Unterstützung des Nazi- Regimes so schnell zur Ikone werden konnte, bemerkt erst am Ende, dass sie den falschen Weg gegangen ist. Der Zwang der am Ende steht macht den Propagandazusammenhang deutlich. Nicht nur die Künstlerin macht in diesem Fall einen Wandel durch, sondern das Lied selbst auch. Nachdem das Lied und Lale Anderson den Durchbruch ihrer Karriere durch den besetzten Radiosender Belgrad fanden, wurde das Lied "Lili Marleen" bald zum "Schicksalslied des zweiten Weltkrieges". Nicht nur deutsche Soldaten konnten sich mit diesem Lied identifizieren, es wird bald an allen Fronten gesungen und gepfiffen. Die spätere Zensur im April 1942, die Goebbels veranlasste, ist auf das Auffliegen der Kontakte zu Schweizer Juden von Seiten der Künstlerin zurückzuführen.

2. Das Gefahren- Motiv

Im Gegensatz zu den Liedauftritten stehen die 14 "Auftritte" des Gefahren-Motivs. Diese sind nicht Teil der filmischen Realität und können somit dem Fremdton zugeordnet werden. Gut zu erkennen am gleichmäßigen Pochen und ihrem dissonanten Signalcharakter, leitet dieses Motiv das Publikum durch den Dschungel an Auseinandersetzungen und schwierigen Situationen. Diese Andeutungen der verschiedenen Gefahren, sei es die Brisanz der Gestapo-Kontakte oder der Gefährdung durch Robert Mendelssohns Untergrundtätigkeiten, beziehen sich immer auf die Protagonisten Willie und ihren nahezu naiven Umgang mit ihren Mitmenschen.

Das Gefahren- Motiv tritt im Film in vier verschiedenen Variationen auf. Die Unterschiede sind minimal zumal das eigentliche Motiv insgesamt 11 mal Auftritt und die drei anderen Versionen nur einmal vorkommen. Durch die minimalen Veränderungen kann gesagt werden, dass alle Gefahren- Motive auf eine Binnengeschichte hinweisen. Alle unterschiedlichen Situationen, die mit diesem Motiv untermalt sind, verweisen auf das Gefahrenpotential der Szene.

Die vier Versionen sind wie folgt zu benennen:

Version 1 "SS- Gefahr"

Version 2 " Verknüpfung mit dem Widerstand"

Version 3 " Gefährdung durch den Erfolg"

Version 4 "Aktivitäten im Ghetto"

Zusammenhangskriterium für die Binnengeschichte ist hier also die Wiederkehr einer gleichen bzw. sich leicht veränderbaren musikalischen Gestalt. Die einzelnen Geschehnisse, die an das Gefahren- Motiv gebunden sind, lassen eben durch ihr verdichtet Auftreten einen inhaltlichen Ablauf erkennen. An dieser Stelle wird auch deutlich, was mit der besonderen Handhabung im Bezug auf die leitmotivische Arbeit gemeint ist. Es ist deutlich zu erkennen, dass dieses Leitmotiv nicht wie üblicher Weise das Wiederkehren von bestimmten Handlungsaspekten akzentuiert, sondern im umgekehrten Fall, die unterschiedlichen Handlungsteile zu einem eigenen zusammenfügt.

3. Roberts Klaviermusik

Im Gegensatz zur ersten Binnengeschichte fügt sich diese über die wechselnden Inhalte der Musik, mit der sich Robert beschäftigt, zusammen. Die Inhalte der Musik wiederum beschreiben die Situationen und Gefühle von Robert genauer. Gemeint ist hier eindeutig die Beziehung zu Willie. Roberts Klaviermusik tritt im Film insgesamt vier mal auf. Genau wie bei den Liedauftritten der "Lili Marleen" ist seine Musik Teil der filmischen Realität. In der ersten Szene - Robert sitzt am Klavier im Theater - sind zunächst Präludien zu hören. Willie wird Robert in dieser Szene besuchen kommen und als er sie entdeckt, spielt er einen Charleston. Dieser Wechsel von der Kunst- Musik zur Unterhaltungsmusik zeigt unvermeidlich die Zuneigung, die Robert zu der unscheinbaren Sängerin Willie hat. Die beiden sind hier noch unsterblich ineinander verliebt und ahnen noch nicht, dass ihre Liebe schon bald auf die Probe gestellt wird, bevor sie endgültig zerbricht. Das zweite Auftreten Roberts Klaviermusik findet in einer Kneipe statt. Robert spielt einen English Waltz (Sleepy Lagoon), um Geld für Willies Schuldscheinrückkauf zu verdienen. Das Ende dieser Szene, in der ein Streitgespräch zwischen Robert und seinem Vater zu sehen ist, deutet auf das Umkippen der Beziehung hin. Als Robert sich dann zum dritten Mal am Klavier befindet, diesmal in heimischer Umgebung, spielt er verärgert Teile von Mahlers 1. Sinfonie. Die Verbindung zu Willie scheint endgültig gebrochen. Am Ende des Films dirigiert Robert den Schluss von Mahlers 8. Sinfonie. Mit dieser „Sinfonie der Tausend" rauscht die großbürgerliche Welt endgültig an Willie vorbei.

Durch die unterschiedlichen Musikcharakteristiken soll hier die Entfremdung der beiden Liebenden dargestellt werden. Die Kluft, die zwischen Unterhaltung und Kultur steht und die damit zusammenhängenden unterschiedlichen Klassenunterschiede, lassen die Liebe der beiden eigentlich schon von vornherein scheitern.

Vergleicht man nun diese besondere Umsetzung der Hauptmotive mit den drei unterschiedlichen Leitmotivtechniken aus der Literatur, fällt eine genaue Zuordnung schwer. Geht man von der ursprünglichen Verwendung eines Leitmotivs aus, welches dadurch gekennzeichnet ist, dass ein bestimmtes musikalisches Motiv einer Person oder Situation zugeordnet ist und im Verlauf der Filmhandlung immer wieder damit zusammen trifft, kann zumindest eindeutig gesagt werden, dass wir bei dem oben vorgestellten Gefahren- Motiv genau die gegensätzliche Verwendung vorfinden. Dieses ist nämlich weder einer bestimmten Situation noch einer Person zugeordnet, sondern führt, wie schon erwähnt, unterschiedliche Situationen zusammen. Auch bei den zwei anderen vorgestellten Motiven kann keine eindeutige Zuordnung stattfinden. Gerade das Besondere, nämlich die Funktion die einzelnen Binnengeschichten thematisch und musikalisch zusammen zu führen, macht dies so schwierig. Bei den Liedauftritten kann man vielleicht von der inhaltlichen Ebene noch eher von der " Idee Fixe" ausgehen. Denn im Grunde wird die Veränderung der Einstellung, die die Protagonisten zu ihrem Lied durchläuft, auch mit der Interpretation deutlich, welche wiederum das Motiv nicht unbedingt stark verändert aber dennoch deutlich beeinflusst.

Fassbinder und Peer Raaben schaffen es mit dieser Kompositionstechnik nicht nur die dramaturgischen Aufgaben, wie Rückverweise, Antizipationen und Ausdruck von Befindlichkeiten, zu erfüllen, sondern fügen dem Aspekt des Leitmotivs noch eine weitere Ebene zu. Eine Ebene, die die Geschichte durch die Musik noch mal erzählt und auf den ersten Blick Zusammenhangsloses zu einem Ganzen fügt.

4. Literaturverzeichnis

- Bullerjahn, Claudia. Grundlagen der Wirkung von Filmmusik.
  Augsburg 2001
- Kraemer, Rodulf- Dieter (Hg.): Musik und Bildende Kunst. Essen: Die Blaue
  Eule 1990. (Musikpädagogische Forschung. Band 10)
  Beitrag: Ritzel, Fred und Thiele, Jens. Kritik oder Blasphemie? Über die
  Rekonstruktion von Musikereignissen der Nazi- Zeit in R.W. Fassbinders
  Film LILI MARLEEN (BRD 1980)

5. Anhang

Arbeitsblätter

Arbeitsblatt Referat Lili Marleen
Aufgabe 1

Auftritt	Ambiente	Outfit/ Körperhaltung	Stimmung/ Atmosphäre	Gesamteindruck	Einstellung zum Lied
1	dunkle Kneipe, wenig Publikum	Unpassendes Outfit, sehr übertrieben Angespannt, starr	kaum jemand schaut ihr beim Auftritt richtig zu	Kleine Sängerin vom Dorf, mit naiven Träumen	keine Identifikation mit dem Lied
2	Große Bühne, viel Publikum	Hollywood-Star Gelöst, selbstsicher, entspannt	pompös, glamourös	Sie scheint Erfolg den sie wollte erreicht zu haben	volle Identifikation mit dem Lied
3	Fronttheater in Polen	sehr männliche Aufmache Singt die Melodie gerade runter	betrunkene, einsame Soldaten keine Emotionen	lästig, verhasst	Abneigung gegenüber des Liedes
4	Große Bühne, viel Publikum	schlapp, erschöpft	Ambivalent: auf der einen Seite pompös auf der anderen bemerkt man den Untergang	erzwungen	Gleichgültigkeit

Aufgabe 2

Klaviermusik	Musik	Stimmung/ Atmosphäre	Funktion		Musik	Stimmung/ Atmosphäre	Funktion
1	Klavier Präludien werden von Charleston abgelöst	freudig ohne Vorahnung	Unterschied Kunst- und Popmusik	3	am Klavier Teile von Mahlers 1. Sinfonie	verärgert, bedrückend	Beziehung zu Willie scheint gebrochen
2	English Walz	Unbehangen, drückend	Umkippen der Beziehung	4	Ende der "Sinfonie der Tausend"	Einsichtigkeit	Klassenunterschiede werden deutlich, Beziehung ist gebrochen

14